★ 시작하기 전에

아이에게 가장 좋아하는 물건을 물어보고,
그것이 한 개일 때와 여러 개일 때를
하루~일주일 동안 수시로 반복해서 물어보세요.

예시) 좋아하는 것: 체리
체리가 하나면?: a cherry (어 체뤼)
체리가 여러개면?: cherries (체뤼즈)

함께 고생한 딸
루나에게 감사드립니다

책을 집필할 수 있도록
다하를 봐주신 부모님과
어린이집 선생님들께 감사드립니다

대답할 때까지 충분히 기다려주세요.
아이와 함께하는 즐거운 시간에 집중해주세요.

Miklish

4 소녀가 **한 명이면?**

g: ㄱ보다 목이 많이 울린다.

a girl

 가 = g ㅏ   나 = n ㅏ   다 = d ㅏ   라 = l ㅏ   마 = m ㅏ   바 = b ㅏ   사 = s ㅏ

6 소녀가 **여러 명**이면?

아 = ?ㅏ   자 = zㅏ   차 = chㅏ   카 = kㅏ   타 = tㅏ   파 = pㅏ   하 = hㅏ

1 이름은 name이야. (따라 해봐 name)
2 이름이 (영어로) 뭐지?

³이름이 한 개면?

n: ㄴ보다 코가 많이 울린다.

a name

 가 = ga   나 = na   다 = da   라 = ra   마 = ma   바 = ba   사 = sa

이름이 여러 개면?

n: ㄴ보다 코가 많이 울린다.

names

1 아빠는 dad이야. (따라 해봐 dad)
2 아빠가 (영어로) 뭐지?

³ 아빠가 **한 명**이면?

d: 혀와 잇몸의 안쪽 딱딱한 부분(치경)에서 소리 낸다. 치아에는 혀가 닿지 않는다.

(a) dad

  가 = gㅏ   나 = nㅏ   **다 = dㅏ**   라 = lㅏ   먀 = mㅑ   바 = bㅏ   사 = sㅏ

⁴아빠가 **여러 명**이면?

1 빛은 light이야. (따라 해봐 light)
2 빛이 (영어로) 뭐지?
3 빛은 셀 수 있을까?

³빛이 한 개면?

셀 수 없는 것에는 'a-'나 '-s'를 붙이지 않아.

l: '을'로 시작해서 'ㄹ'을 소리 낸다.

light

 가 = gㅏ　　나 = nㅏ　　다 = dㅏ　　**라 = lㅏ**　　마 = mㅏ　　바 = bㅏ　　사 = sㅏ

⁴빛이 여러 개면?

light

1 엄마는 mom이야. (따라 해봐 mom)
2 엄마가 (영어로) 뭐지?

³엄마가 **한 명**이면?

m: ㅁ보다 코가 많이 울린다.

(a) mom

 갸 = gㅑ   냐 = nㅑ   댜 = dㅑ   랴 = rㅑ   **마 = mㅏ**   뱌 = bㅑ   샤 = sㅑ

⁴엄마가 **여러 명**이면?

m: ㅁ보다 ㅋ가 많이 올린다.

1 책은 book이야. (따라 해봐 book)
2 책이 (영어로) 뭐지?

3 책이 한 권이면?

b: ㅂ보다 강하게 소리 낸다.

a book

 가 = gㅏ   나 = nㅏ   다 = dㅏ   라 = lㅏ   먀 = mㅑ   **바 = bㅏ**   샤 = sㅑ

b: ㅂ보다 강하게 소리 낸다.

books

³학교가 **한 개면?**

a school

 가 = g ㅏ   나 = n ㅏ   다 = d ㅏ   라 = l ㅏ   마 = m ㅏ   바 = b ㅏ   **사 = s ㅏ**

⁴학교가 **여러 개면?**

s: ㅅ과 ㅆ의 중간. 대부분 ㅆ에 가깝지만, 강세가 없으면 ㅅ.

schools

1 눈은 eye이야. (따라 해봐 eye)
2 눈이 (영어로) 뭐지?

³ 눈이 한 개면?

eye는 a와 비슷한 발음(모음)으로 시작하니까 잘 안들려서 an(언)을 사용해. (따라 해봐 an eye)

발음기호에서는 a가 '아'지만, 알파벳 o에서 더 자주 '아'로 소리 난다.

an eye

 가 = gㅏ   나 = nㅏ   다 = dㅏ   라 = lㅏ   마 = mㅏ   바 = bㅏ   사 = sㅏ

⁴눈이 **여러 개면?**

eyes

1 얼룩말은 zebra이야. (따라 해봐 zebra)
2 얼룩말이 (영어로) 뭐지?

³얼룩말이 **한 마리**면?

z: 한글의 ㅈ보다 부드럽게 소리 낸다.

a z**ebra**

 가=gㅏ   나=nㅏ   다=dㅏ   라=lㅏ   마=mㅏ   바=bㅏ   사=sㅏ

⁴얼룩말이 **여러 마리면?**

zebras

³어린이가 **한 명**이면?

a child

⁵어린이가 여러 명이면?

ch(발음기호는 tʃ): 입 모양을 '위'를 하고 'ㅊ'을 소리 낸다.

children

아 = ㅏ   자 = zㅏ   **차 = chㅏ**   카 = kㅏ   타 = tㅏ   파 = pㅏ   하 = hㅏ

1 자동차는 car야. (따라 해봐 car)
2 자동차가 (영어로) 뭐지?

³자동차가 **한 대면?**

c(발음기호는 k): ㅋ보다 목 안쪽(목젖에 가까운)에서 소리 낸다.

a car

 갸=gㅑ   냐=nㅑ   댜=dㅑ   랴=lㅑ   먀=mㅑ   뱌=bㅑ   샤=sㅑ

⁴자동차가 **여러 대면?**

c(발음기호는 k): ㅋ보다 목 안쪽(목젖에 가까운)에서 소리 낸다.

cars

아 = ?ㅏ　　자 = zㅏ　　차 = chㅏ　　**카 = kㅏ**　　타 = tㅏ　　파 = pㅏ　　하 = hㅏ　　25

1 시간은 time이야. (따라 해봐 time)
2 시간이 (영어로) 뭐지?
3 시간은 셀 수 있을까?

³ 시간이 **한 개면?**

시간은 물처럼 흘러가기 때문에 셀 수 없어.

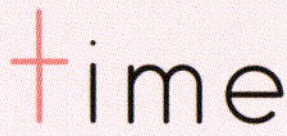

t: ㅌ보다 치아에 가까운 데서(치경) 소리 낸다.

time

 가=gㅏ   나=nㅏ   다=dㅏ   라=|ㅑ   마=mㅏ   바=bㅏ   사=sㅏ

4 시간이 **여러 개면?**

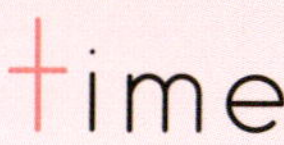

t: ㅌ보다 치아에 가까운 데서(치경) 소리 낸다.

†ime

1 사람은 person이야. (따라 해봐 person)
2 사람이 (영어로) 뭐지?

³ 사람이 **한 명**이면?

p: 표보다 강하게 소리 낸다.

a person

  가 = g ㅏ　나 = n ㅏ　다 = d ㅏ　라 = l ㅏ　마 = m ㅏ　바 = b ㅏ　사 = s ㅏ

5 사람이 **여러 명**이면?

people

1 집은 house야. (따라 해봐 house)
2 집이 (영어로) 뭐지?

³집이 **한 채**면?

h: ㅎ보다 목 안쪽에서 소리 낸다.

a house

 가=ga　나=na　다=da　라=ra　마=ma　바=ba　사=sa